I0711621